R ?2?o
3.

12819

LA

ZAZIROCRATIE.

L'EMPIRE
DES
ZAZIRIS
SUR LES HUMAINS,
OU LA
ZAZIROCRATIE.

A PEKIN,
Chez D s m g t l f p q x z.

M. DCC. LXI.

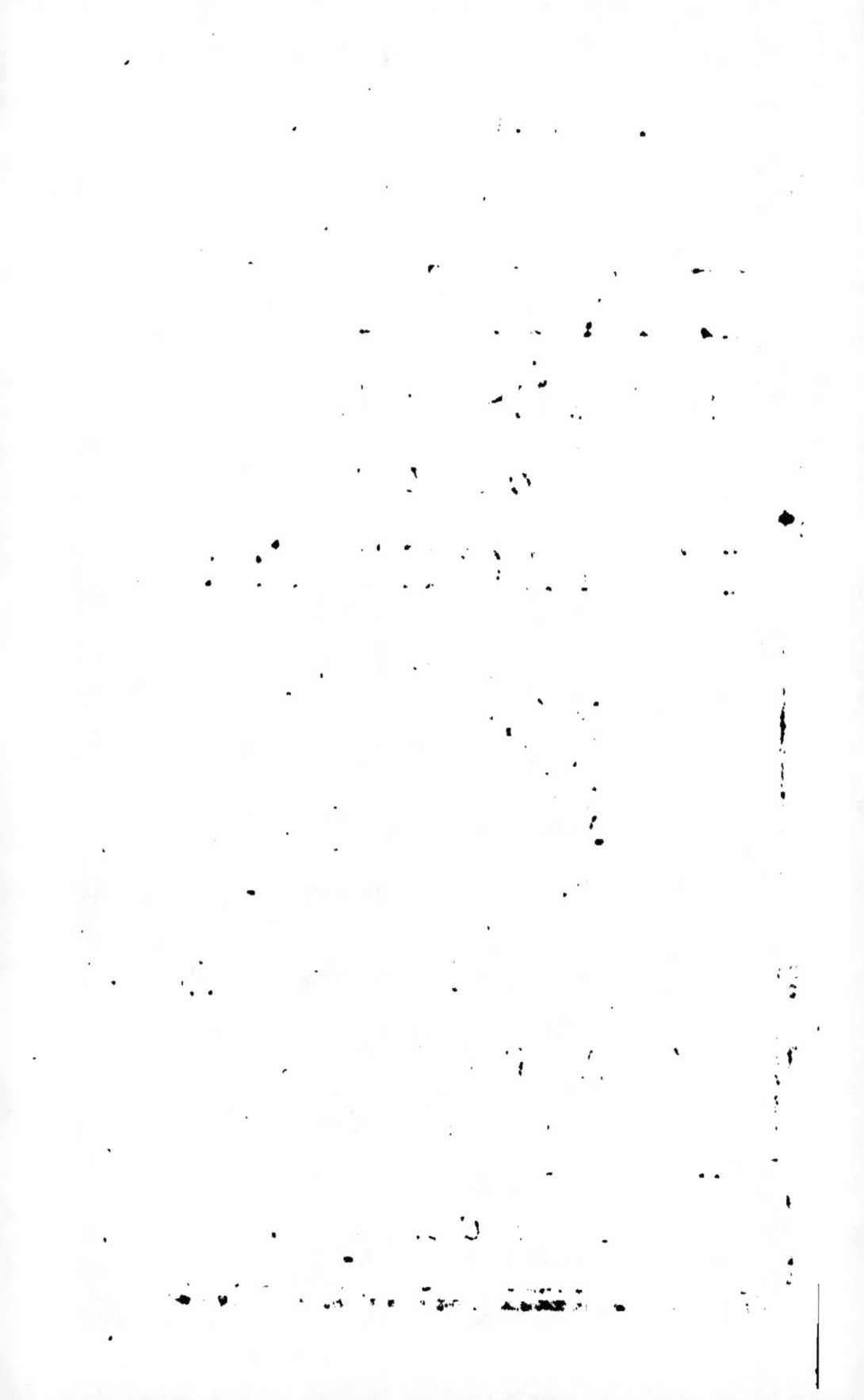

AUX
HABITANTS
DES PLANETTES.

C'Eſt à Vous, qui vous riez de nos ſottiſes & de nos titres, & que je n'appellerai, par conſéquent, ni Alteſſes, ni Excellences, ni. Meſſeigneurs, ni Meſſieurs, que j'offre cet Ouvrage. Daignez abaiſſer la ſublimité de vos regards ſur les Productions d'un Auteur terreſtre, & me venger des contradictions que mon ſyſtême va

essuyer chez nos petits hommes,
qui n'ont de philosophie que la
routine. On trouve aujourd'hui
si peu d'êtres raisonnables parmi
nos individus, que je dois m'é-
lancer au-delà des brouillards &
des nuages, pour découvrir des
Personnes qui veuillent & qui
sachent penser. Peut-être suis-
je le premier des humains qui
vous dédie un Livre; je souhaite
que celui-ci puisse vous amuser.
Voilà tout mon compliment; il
est vrai, simple & bref, parce
que je n'attends de vous ni pré-
sent, ni pension.

PRÉFACE.

SI mes viſions ne ſont pas ſi agréables que celles de nos beaux-Eſprits, elles auront au moins l'avantage de ne bleſſer ni la Religion, ni la raiſon. Je cede volontiers l'honneur du Matérialiſme & de l'Hétérodoxie à quiconque veut s'en parer.

On dira que mes idées ne ſont pas neuves, & l'on aura tort. Qui a jamais lu chez les Modernes, ou chez les Anciens, que nous ſervons de

jouet aux Esprits élémentaires, comme les animaux nous
en servent ! Les Génies ont
été connus dans tous les
temps ; mais savoit-on, avant
ce jour, leur maniere d'agir
à notre égard ?

Si mon système paroît ex-
traordinaire, je répondrai que
les Démons qui nous tour-
mentent, & qui font des Puis-
fances de ténebres répandues
dans les airs, doivent contri-
buer à rendre l'Hiftoire des
Zaziris au moins vraifem-
blable.

Je ne prétends pas que des particules d'air ou de feu puiſſent penſer, parce que je ne ſuis ni Poëte, ni Philoſophe moderne; mais je dis que des Eſprits unis à des élé-ments, comme nos ames le ſont aux corps, ont la faculté de comprendre & de ſentir. Si je me trompe, l'erreur au moins ne ſera pas dange-reuſe.

J'ai appellé *Zaziris*, d'un nom qui vient du Chinois, les Eſprits Elémentaires, parce qu'il eſt aujourd'hui du bel air d'emprunter des termes hétéroclites pour faire des titres d'Ouvrages.

Cet Ouvrage, qui m'a servi de récréation après la composition d'un Livre sérieux, pourroit, sans doute, être mieux travaillé ; car il faut avouer qu'il est susceptible d'agréments : mais j'ai cru devoir passer rapidement sur une Brochure de cette espece.

On pourra reconnoître à ces traits, que je n'aime pas la charlatannerie ; car combien d'Auteurs, qui, à l'occafion des *Zaziris*, auroient fuppofé un Manufcrit trouvé, je ne fais comment, & je ne fais où, & dont la traduction feroit annoncée avec emphafe!

Je rirai de bon cœur, & j'en aurai le droit, fi l'on me critique férieufement; mais je ne m'y attends pas. Je n'entrevois, parmi mes cenfeurs, que quelques prétendus puriftes, qui perdront vingt ou trente lignes à prouver que le ftyle n'eft pas affez châtié, &

qu'il y a des phrases que l'A-
cadémie n'auroit pas le courage de lire. Eh bien! je demande donc grace à Messieurs
nos phraseurs.

Je sais que les Ouvrages
d'aujourd'hui doivent ressem-
bler à nos coquettes; il faut
du fard, si l'on veut qu'ils plai-
sent. Mais je tiens encore aux
préjugés des vieux siecles; on
y croyoit que la nature valoit
mieux que l'art.

Toute Préface n'étant qu'u-
ne espece d'échantillon qui in-
dique au Public la Piece qu'on

veut lui préfenter, doit avoir fort peu d'étendue; ainfi en voilà bientôt affez pour juger du refte. Les Italiens & les Allemands, ces faifeurs de Dédicaces & de Préfaces éternelles, me blâmeront fans doute, & je m'en applaudirai.

Je connois affez le monde pour déviner les perfonnes à qui ce Livret déplaira, & celles qui le parcourront avec une efpece de plaifir. Il n'y a point d'Ouvrage qui ne foit relatif; qu'on ne blâme, ou

qu'on ne loue, fuivant qu'on
eſt affecté; & ſouvent, lorſqu'on n'oſe contredire des vérités, on s'en venge en ſe dé-
chaînant contre le ſtyle, ou
même en accuſant de plagiat
l'Auteur qui déplaît. Ainſi,
l'ami des Spectacles prend en
averſion quiconque attaque
les Théâtres; l'eſclave des
modes & de la futilité, dé-
clare indécente & mauvaiſe
toute critique qui tombe ſur
les habillemens & ſur les fri-
ſures : mais la Raiſon, qui écrit
à deſſein de corriger les ridi-

cules, s'applaudit de la satyre des mauvais plaisants, & le vrai Philosophe n'est point la dupe de leurs clameurs.

On doit respecter la Religion, honorer les Souverains, se taire sur les Gouvernements, éviter les personnalités, & ensuite se moquer du reste. Ceux qui se reconnoissent dans des descriptions générales, ou dans des portraits, doivent se corriger, & ne se plaindre que des personnes assez méchantes pour faire des applications odieuses & contraires à l'esprit de société. Si l'on craint les allusions, il ne faudra jamais aller ni aux Spectacles, ni au Sermon; je trouve dans *Moliere* & dans *Bourdaloue* tous les hommes d'aujourd'hui. Toute peinture des mœurs représente nécessairement quelqu'un, ou alors elle n'est plus naturelle; mais les petits génies prennent pour eux, ou pour leurs voisins, ce qui peut convenir indistinctement à tous les Pays. Le portrait du fat n'a-t-il pas des copies à Rome

comme à Madrid, à Vienne
comme à Paris, à Londres
comme à Petersbourg; & ne
feroit-il pas ridicule de vou-
loir le reftreindre à une feule
perfonne, ou à un feul en-
droit? Heureux l'homme qui,
toujours équitable, oublie fes
goûts & fes préjugés lorfqu'il
lit un Ouvrage, & ne juge
d'un Livre que conformé-
ment à la raifon! Mais je
parle ici du Philofophe; & la
plupárt des Lifeurs ne font
que des efprits faux, à qui
l'on devroit interdire la lec-

ture, comme on défend la nourriture aux malades. Jamais on n'a tant lu qu'aujourd'hui, & jamais on n'a lu avec moins de droiture & moins de difcernement.

L'EMPIRE
DES
ZAZIRIS
SUR
LES HUMAINS.

Vant l'An un, qui commença la généalogie des temps, le Souverain Etre créa, depuis lui jusqu'à l'insecte, des multitudes innombrables d'Esprits, aussi diversifiés que nos visages. Il voulut qu'il y

eût, de claſſe en claſſe, des Génies qui dominaſſent les uns ſur
les autres ; & que ceux qui vivent
unis à la nature des Eléments, ſe
ſerviſſent de nous pour leur plaiſir
& leur utilité, comme nous nous
ſervons des animaux. Ainſi l'homme ſe joue du ſinge, & les *Zaziris*
s'amuſent de l'homme.

　Ce ſyſtème, tout ridicule qu'il
paroît au premier abord, ſatisfait
à toutes les difficultés ; & d'ailleurs, ſi l'on paſſe à *Deſcartes* ſa
matiere ſubtile, à *Newton* ſon at-
traction, à *Leibnitz* ſes monades,
il me ſemble qu'on pourra bien
me permettre une hypotheſe,

avec laquelle j'explique tous les hazards, toutes les contradictions de la vie, & je fais rouler, de la meilleure grace du monde, la terre & les cieux.

Si l'on n'apperçoit pas les Esprits dont nous voulons parler, quoiqu'ils respirent dans l'air & le feu, nous demanderons pourquoi l'on ne voit pas notre ame, pourquoi l'on ne découvre pas le moindre signe de vie dans le limaçon qui végete en sa coquille, dans l'huître qui paroît privée de tout sentiment, dans le ver à soye qui semble anéanti, dans l'homme qui est accablé d'une af-

freufe léthargie? L'air, ainfi que
le feu, dont le mouvement ne
s'interrompt jamais, & dont la
circulation eft réguliere auffi-bien
que notre fang, n'ont rien qui
les empêche de fervir d'organes
à des Génies, comme nos corps
en fervent à notre efprit. Mais
qu'il eft difficile de faire adopter
un fyftême après fix mille ans
d'idées contraires!

Le hazard & la nature ne font
que des mots vuides de fens; &
malgré la conviction que nous
en avons, nous ofons les nom-
mer Agents de tout ce qui arrive.
Ceux qui recourent à la Lune &

aux Aftres, ne font pas plus fages; tandis que le fyftême qui fe fonde fur des Génies, & qui les fait intervenir dans mille événements dont on ne peut rendre raifon, n'a ni l'inconvénient du Fatalifme, ni le danger du Matérialifme. Ici tout eft libre, & tout eft conféquent : ce font des Efprits, qui, revêtus de la fubftance des Eléments, ont des corps tels que les nôtres; mais bien plus fubtils, & bien plus propres à opérer des chofes furprenantes. Toutes les Sectes ont reconnu des Efprits répandus dans les airs; mais perfonne jufqu'ici n'avoit entrevu leurs opérations, comme nous allons les expliquer. On verra que notre opinion diffère entiérement des rêveries du Comte de *Gabalis*, & que les Génies que nous admettons, étant des substances purement spirituelles, aussi-bien que nos ames, ne nous font du bien ou de mal qu'à raison des Loix générales, qui en ont ainsi ordonné.

Ces Génies ont je ne sais combien de sens que nous n'avons pas; & ceux qui influent sur nos plaisirs, nos malheurs, & même sur notre santé, appellent *Zazi-*

ris, qui, en Chinois, veut dire Agents. Les uns font pourvus de pieds & de mains à l'infini, les autres ont des aîles de toute efpece, de forte qu'ils marchent, s'accrochent &. volent avec une agilité furprenante.

S'il y a mille infectes dont la figure informe ne laiffe appercevoir ni œil, ni bouche, ni oreille, & qui cependant voyent, goûtent & entendent, on n'a pas raifon d'exclurre les fens de l'air & du feu, parce qu'on ne peut arriver à en découvrir ni les refforts, ni le jeu. La diverfité fait la beauté de l'univers, & cette échelle d'Efprits, qui, des entrailles de la terre, s'éleve jusqu'au delà des cieux, est digne d'un Ouvrier immense, & magnifique dans ses productions. Si notre corps n'est lui-même qu'une étincelle, qu'une goutte d'eau, qu'un grain de sable, qu'une particule d'air, pourquoi ne croirons-nous pas que chaque Elément, pris séparément, peut servir d'enveloppe à des substances spirituelles ? Les Génies, en conséquence, ont des corps moins composés que les nôtres, & dès lors plus subtils & plus agiles, puisque tout ce qui est simple est plus parfait.

Il est maintenant facile de prévoir combien les *Zaziris* influent
sur nos tempéraments, sur notre
humeur, enfin sur nos personnes. Il y a tant d'analogie entre
leurs corps & les nôtres, que
nous devons nécessairement souffrir lorsqu'ils s'agitent avec trop
de violence ; car c'est alors qué
l'air ou le feu sont en mouvement. Ainsi voilà la fatalité des
Anciens expliquée. Nous sommes plus flegmatiques ou plus
colériques, plus heureux ou plus
malheureux, selon que les Génies se tranquillisent ou s'agitent
au moment de notre naissance.

& la raifon en eft toute fimple;
car nos corps étant compofés des
quatre Eléments, & nos ames af-
fujetties aux corps, nous devons
néceffairement dépendre du mouvement plus ou moins rapide de
l'air ou du feu. C'eft un thermo-
metre, qui dirige nos opérations
à mefure qu'il hauffe ou qu'il
baiffe.

Je fuis fâché de venir ravir aux
Aftres un pouvoir dont ils étoient
en poffeffion depuis bien long-
temps, & j'en demande pardon
à nos Aftrologues : mais comme
en fait de Phyfique il n'y a point
de prefcription, je m'oppofe fans

scrupule à leur sentiment. Si l'on
me démontre que j'ai tort, je me
tais, au lieu que j'ai droit de contredire, si l'on ne m'offre que des
hypotheses.

Je continue, & je dis qu'il n'y
a que l'action des Génies Elémentaires qui produise la plupart
des phénomenes, que nous ne
pouvons expliquer. Les Génies
sont ces causes secondes, dont l'E-
tre absolu se sert pour exécuter
ses volontés; & comme ils sont
composés de particules que nous
voyons, que nous tochons, que
nous respirons, & même que
nous savourons, leur influence

doit prodigieuſement nous af-
feĉter.

L'homme, ſelon ces obſerva-
tions, qui ſe trouve plus voiſin
des Eſprits unis à la ſubſtance du
feu, eſt Poëte ou fou ; & celui
qui communique davantage avec
les Génies terreſtres, eſt néceſ-
ſairement Apothicaire ou Doĉteur
en Droit. Notre ame n'a ſûrement pas beſoin pour exiſter, ni
pour ſe ſentir, de l'opération des
Zaziris ; mais elle devient plus
tranquille, ou plus aĉtive, ſuivant
qu'ils ſe remuent, comme nos
penſées s'élevent & ſe multiplient
à meſure que des converſations,

des lectures ou des objets nous
excitent & nous affectent : ainsi
l'on peut dire que les Génies qui
vivent dans les flammes, façon-
nent le bel esprit, & lui donnent
ce sel volatil par lequel il s'exalte
& s'évapore.

Outre les Loix générales qui
laissent aux Génies la faculté d'agir
sur nos personnes, & de nous traiter à leur gré, quoique d'une maniere libre, il est incontestable que
les *Zaziris* ont leurs goûts par-
ticuliers, qu'il faut nécessairement
détailler, si l'on veut suivre notre
système. Toute Intelligence qui
est bornée, & qui vit dans une

dépendance de la matiere, doit
avoir des affections de fentiment
& de fantaifie. Or, les Efprits
Elémentaires font dans ce cas; &
nous pouvons l'affurer d'autant
mieux, que notre humanité nous
expofe à être un objet perpétuel
de leur amour ou de leur antipa-
thie. Ils prennent plaifir à fe fervir de nous, comme nous nous
fervons des animaux; ils nous
pourfuivent, ils nous moleftent,
ils nous tourmentent; & s'ils ne
peuvent nous tuer, c'eft par ref-
pect pour nos ames immortelles:
au lieu que nous faifons mourir
les bêtes quand bon nous fem-

ble, parce que la pure matiere ne mérite aucuns égards.

Partons de ce principe, & nous découvrirons la cause de tant de contradictions & d'incidents qui nous inquietent, nous affligent & nous mettent mal avec nous-mêmes. Nous verrons que les Génies ont des moments de mauvaise humeur, des heures de récréation, des temps où ils se vengent; & cela ne doit pas nous surprendre, si, malgré l'excellence de nos ames, nous nous trouvons dans le même cas. Combien de fois par jour ne sommes-nous pas obligés de retomber sur des bagatelles pour nous diſtraire de nos occupations! combien de fois ne nous livrons-nous pas à des accès de colere ou de mélancolie!

Il eſt donc certain que les Génies jouent, & que nous ſommes très-ſouvent la dupe de leurs jeux. Cet homme qui ne peut reſter en place, & qui court juſqu'aux extrémités du monde, n'eſt aux yeux des *Zaziris* qu'un lievre qu'ils pourſuivent, & dont ils s'amuſent. Cette femme qui, comme une infenſée, galoppe après ſon amant, eſt une eſpece de chien de chaſſe, que les Génies mettent aux trouffes d'une perfonne qu'ils harcelent. Ce Petit-Maître qui rit d'un œil & pleure de l'autre, qui ne fait que grimacer, pirouetter, gefticuler, eft regardé comme un finge par ces Efprits Elémentaires; ils lui font faire mille & mille tours d'adreffe pour s'en divertir. Cet Amiral d'Armée, qui voit le fruit de fes travaux périr au milieu des mers, n'eft qu'un cerf qui fe précipite dans l'eau, & dont les Génies fe rient. Cc brutal Financier, qui n'a d'autre occupation que de digérer & de courir en carroffe, eft exactement un ours qu'ils promenent par les rues. Ce prétendu Philofophe, qui exhale fa bile fur tout le genre humain, fera fûrement une vipere battue par les Efprits Elémentaires, & qui jette fon venin de toutes parts.

Les êtres les plus foibles font toujours la victime des plus forts; les infectes fervent de jouet aux volatiles, les volatiles aux quadrupedes, les quadrupedes aux hommes, & nous enfin aux *Zaziris*. Ils nous prennent avec des gluaux, quand nous tombons dans les filets de l'amour; ils nous mettent en cage, lorfque, fans vocation, nous allons nous confiner

dans des Couvents; ils nous careffent, quand nous refpirons quelqu'agréable zéphir; ils nous pin-
cent, quand nous fentons le rigueur du froid. Ce font eux qui
nous donnent des chiquenaudes,
toutes les fois que nous, éter-
nuons, qui nous chatouillent lorfque nous rions, qui nous égrati-
gnent lorfque nous fouffrons,
qui nous tirent la machoire lorfque nous bâillons.

Vous ne pouvez définir cet
Abbé poupin, qui, plus douiller
que le velours dont il eft vêtu,
vit dans le fein de la molleffe &
du plaifir, & ne penfe, du matin

au foir, qu'à fe procurer les fen-
fations les plus agréables ; eh
bien, écoutez, je vais vous dire
ce qu'il eft : un joli canarie, que
les *Zaziris* ont pris en affection,
qu'ils careffent, & qu'ils nourrif-
fent de bifcuits.

Plus loin, vous découvrez un
gros Bernardin, à triple menton,
à vifage fleuri, à main potelée, à
œil rubicond ; regardez bien à tra-
vers mon fyftême, & vous ne
verrez dans ce fucculent Moïne,
qu'un chapon bien dodu, que les
Efprits Elémentaires ont mis en
mue, & qu'ils engraiffent pour
fervir bientôt de fuc nourricier à

quelques citrouilles ou à quelques melons.

Cette Dame si délicate, qui tremble de s'asseoir crainte de briser ses os, qui tous les matins fait de son visage un agréable pastel, & que les jeunes gens n'osent aborder sitôt qu'ils ont vingt-cinq ans, n'est qu'une jolie petite chienne, que les Esprits Elémentaires prennent plaisir à voir caressée par tous ceux qui l'environnent.

Spiras, amoureux de toutes les aimables femmes, salue l'une, caresse l'autre, badine avec celle-ci, moralise avec celle-là. Il court toutes les toilettes, il paroît dans

tous les cercles, il affifte à tous
les repas; & toujours voltigeant
de belles en belles, il fe trouve à
trois Spectacles prefque au même
inftant. Si *Spiras* n'eft pas un élé-
gant papillon, pourfuivi par les
Génies, qu'on me dife donc ce
qu'il eft.

Pramos, chamarré des plus belles couleurs, tourne & retourne
fa tête de mille manieres différentes; il fiffle, faute, pirouette, bar-
bille, mord, fe fait craindre & admirer. *Pramos*, j'ofe le dire avec
confiance, n'eft qu'un perroquet
agacé par les Efprits, qui jafe
pour leur plaire, & qui donne

des coups de bec à tous ceux qui l'approchent.

Tout s'explique donc selon notre syftême, & il n'y a pas jusqu'à la Magie que nous ne puiffions définir. Elle n'eft plus à nos yeux qu'une opération des Génies, qui tantôt excitent des fumigations capables de troubler notre cerveau & de nous effrayer par des ombres, & qui tantôt caufent un bruit extraordinaire qu'il nous eft impoffible d'approfondir. Ces Vampires, s'il y en a, quoique fi fameux dans la Hongrie & dans la Pologne, ne fauroient être que des cadavres mis en action par les *Zaziris*, qui s'amufent à les faire rouler, de même que nous nous divertiffons à pouffer une boule, ou à remuer un pantin. Si la plupart des Peuples s'imaginent qu'il y a des ames qui reviennent après la mort fecouer des portes, tirer des rideaux, & inquiéter les vivants, il me femble qu'on peut bien plutôt attribuer tout ce joli manege aux Génies ; car enfin ils ont des corps très-fubtils, qui leur fervent d'organes pour agir & fe faire fentir, au lieu que des ames ne fauroient tomber fous les fens.

Il fuffit d'ailleurs, comme nous

l'avons déja dit, que les *Zaziris* puissent mettre en mouvement des particules aëriennes & ignées pour opérer des choses surprenantes : & ils le peuvent si bien, que tantôt ils font fermenter les vins, & nos Cordeliers ronflent à toute outrance ; & que tantôt ils font bouillonner l'encre sous la plume de nos Ecrivains, & l'on voit éclorre *la Pucelle d'Orléans*, *Candide*, & tant d'autres extravagances. Ici ils quittent tout-à-coup un feu bien allumé, & le bois, quoiqu'on fasse, ne peut plus s'enflammer ; là ils sortent brusquement d'un flambeau où ils respirent, & l'on se trouve au milieu des ténebres. Ici ils dirigent un boulet de canon qui tue un aigrefin en papillottes, & là ils font jouer une mine qui enseve-lit nos aimables à bonne fortune. En un mot, jugeons de leurs ru-ses par les nôtres, & nous ne dou-terons pas de leur habileté à sur-prendre, à feindre & à tromper.

Il faut regarder comme la pu-nition de notre mauvaise humeur & de notre acharnement à tour-menter les animaux, tout ce que les Esprits Élémentaires nous font souffrir : nous prenons plaisir à nous réjouir aux dépens des pau-

vres bêtes, & même de nos sem-
blables, & nous ne voulons pas
servir d'amusement aux Génies.
Il faudroit du moins être consé-
quents ; mais nous aurons beau
nous plaindre, les Génies iront
toujours leur train. Lorsqu'ils ac-
cablent de disgraces un malheureux, ils ne font que copier certains Ministres qui écartent les
Sujets les plus capables, & qui
les laissent languir dans l'obscurité.

Ce Prince, qui ne peut souffrir
la vue d'un homme recomman-
dable par ses mœurs & sa probi-
té, & qui le punit parce qu'il lui
a dit la vérité, condamnera-t-il

les Efprits Aériens qui rendent une perfonne victime de leur mauvaife humeur? Cet Ecrivain cynique, qui prend certains Auteurs en averfion, & qui en fait l'objet de fes horribles fatyres, accufera-t-il les Génies parce qu'ils expofent à la raillerie un pauvre diable qui leur déplaît? Cette précieufe coquette, qui maudit perpétuellement fes domeftiques, qui parle mal de tous fes voifins, qui martyrife fon chien & fon chat, ainfi que fon mari, & qui dans toute l'efpece humaine ne fauroit fupporter que fes amants, aura-t-elle bonne grace de crier contre les

Zaziris s'ils perfécutent des objets qui repugnent à leurs goûts?

Mais fuivons les progrès de leur malice, & ne craignons pas de dire que lorfque nous cherchons un Livre, ils l'efcamottent & ils rient; que lorfque nous attendons avec impatience une perfonne qui nous a donné rendez-vous, ils l'arrêtent pour nous faire enrager; que lorfque nous foupirons après l'arrivée d'une Lettre, ils fe plaifent à la retarder, & peut-être même à la dérober; & que lorfque nous croyons pouvoir nous réjouir, ils fe fervent de leur agilité pour nous contredire

& nous inquiéter, de la même
maniere que nous prenons plaisir
à donner la torture à des mouches, à emprisonner des oiseaux,
à rompre des toiles d'araignée, à
détruire une fourmilliere, à irriter des frélons, & à nous en faire
un passe-temps. Il leur est sans
doute bien facile de réussir dans
de pareilles entreprises, puisqu'ils
nous environnent de toutes parts,
qu'ils se trouvent au milieu de nos
cabinets les plus secrets, & qu'ils
voltigent autour de nos têtes.

Mais nous serons bien moins
surpris de leurs finesses & de leurs
caprices, quand nous saurons qu'il

y a des *Zaziris* femelles , qui , comme la plupart de nos Dames, n'ont rien à faire qu'à imaginer des jeux, des intrigues, des folies & des maladies. Ces journées sombres qui inspirent la tristesse, annoncent leurs vapeurs, comme les journées riantes dénotent leur belle humeur ; les orages indiquent leurs impatiences & leurs fureurs, & ces nuits charmantes sont le signal de leurs conversations. Car chaque Génie a son langage : les uns s'expriment par le bruit des vents, les autres par le murmure des eaux; ceux-ci par le pétillement des étincelles, ceux-là par le bruit des échos. Ils peuvent donc se communiquer leurs idées , & cette communication contribue à l'harmonie de cet univers, qu'on peut dire rempli d'êtres invisibles de toute espece.

Retournons aux Génies femelles ; il est certain qu'ils jouent le même rôle que nos femmes, au point qu'ils s'amusent à travailler d'une façon qui répond à la nôtre. Ainsi les *Zaziriennes* font des nœuds, quand nous voyons de petits pelottons de neige & de grêle ; elles brodent, quand nous appercevons le firmament prendre toutes sortes de nuances &

de couleurs ; elles défilent des ga-
lons, quand nous voyons l'arc-
en-ciel fe divifer & difparoître ;
elles tricotent, quand nous fommes environnés de brouillards
qui femblent un voile ; elles filent,
quand des barres ombragent le
ciel ; elles fe promenent, quand
les zéphirs agitent les herbes, &
forment des ondulations qui femblent des flots ; elles font leur toi-
lette, quand la Lune paroît rouge,
mouchetée, & quand l'aurore va-
rie fes décorations : enfin elles
tempêtent, lorfqu'il éclaire & qu'il
tonne ; mais leurs orages durent
moins que ceux de nos femmes,

car autrement il tonneroit toujours.

Si nous venons maintenant aux
amours, nous trouverons qu'il y
a bien moins de coquetterie parmi les Génies que parmi nous;
mais qu'ils ont auſſi leurs intrigues, leurs inclinations & leurs
rendez-vous. Je m'explique : cette
tendre vigne qui ſerpente le long
d'un jardin, & qui va démêler un
arbriſſeau au milieu de pluſieurs
autres pour s'y attacher & s'y en-
tortiller ; cet aimant qui attire le
fer, ce diamant qui enleve la pail-
le, ſont de véritables *Zaziris* qui
embraſſent ces objets de leurs

amours. Je dirai la même chofe de cette plante, appellée fenfitive, qui fe recule lorfqu'on veut la toucher, & qui n'eft qu'une petite *Zazirienne* encore modefte, dont la pudeur eft allarmée. La flamme qui pétille, & qui s'infinue tout-à-coup dans une matière combuftible, nous fait voir un Génie amoureux qui recherche l'objet qui lui plaît, ainfi que ce zéphir qui careffe un jafmin. Les Efprits incorporés avec l'eau ne s'élevent dans les airs en forme de jet, que pour courir après des êtres qu'ils chériffent.

Ah! fi nous pouvions avoir les

yeux affez perçants, nous décou-
vririons, parmi les Génies, des
êtres qui badinent, folàtrent, mo-
ralifent, grondent, étudient : ils
ont leurs Petits-Maîtres, qui bril-
lent dans les feux d'artifice & dans
le jeu des fontaines ; leurs Méde-
cins, qui purgent par des pluyes
& des inondations ; leurs Procu-
reurs, qui de temps en temps ava-
lent toute la rofée ; leurs Savants,
qui frappent l'air, & qui, tels que
nos Sorbonniftes, croyent avoir
tout prouvé lorfqu'ils ont fait du
bruit : ils ont auffi leurs Poëtes,
qu'on peut appeller célébres,
quoiqu'ils ne foient pas impies ;

mais ils n'ont point d'autres Comédiens que nous. Ils nous jugent les êtres les plus propres à les amuſer, & il n'y a point de jour qu'ils ne regardent Paris pour rire à gorge déployée. Ils ſe plaiſent à voir comme nous avons banni le bon ſens, & fait taire la raiſon, pour entendre *Polichinel* & voir des *Culbuteuſes*. Cette maniere de *fanfrelucher* nos habits, de *pourprer* nos viſages, de *natter* nos cheveux, de faire des mines, ſont des ſcenes qui les raviſſent.

On peut bien dire que les *Zaziris* connoiſſent bien nos mœurs

& nos inclinations; car en nous traitant, tantôt comme des animaux, & tantôt comme des farceurs, ils se prêtent à nos desirs. Ne publions-nous pas continuellement dans nos Discours & dans nos Ecrits, que l'homme est de même nature que la bête, & que tout périt avec lui ? Ne faisons-nous pas, du matin au soir, le personnage de Pantins, & ne rendons-nous pas nos assemblées, nos promenades, nos repas, autant de spectacles vraiment romanesques ? Oui, sans doute. Les Esprits Elémentaires ont donc le droit de nous molester comme

des bêtes, de se réjouir à nos dépens, & de s'amuser de nos mi-
nauderies, de nos gestes, de nos
propos, sans qu'il nous soit permis de nous en plaindre.

Représentons-nous ici les di-
verses Nations, qui, par leurs
préjugés, leurs usages & leurs
mœurs, donnent la comédie aux
Esprits Elémentaires, & nous
avouerons qu'une pareille bigar-
rure est bien propre à former un
spectacle bizarre. N'y eût-il que les
pirouettes Françoises, les étiquettes Espagnoles, les généalogies
Allemandes, les conversations
Angloises, les révérences Polo-

noiſes, enfin les paſquinades & ſonnets Italiens, dont l'équivoque & l'obſcénité font toujours l'aſ-ſaiſonnement & la clauſe, on trouveroit matiere à rire pour des ſiecles.

Je ſais que les Génies ont, comme nous l'avons déja dit, leurs folies & leurs originalités; mais cela n'arrive que par inter-valles, au lieu que nous délirons continuellement. La plupart de nos Ecrits ne pourroient-ils pas ſervir d'opéra comiques au *Zazi-ris?* Combien n'auront-ils pas ri à la lecture de ces fables, qu'on nous donne pour des Hiſtoires universelles; de ces Theses, où l'on définit l'ame une substance de feu, de ces Romans physiques & méthaphysiques, où l'homme n'est plus qu'un squélette mis en mouvement par je ne sais qui; de ces Dissertations morales, où les vices l'emportent sur les vertus; de ces Dictionnaires tortueux, où, dans un labyrinthe dé questions & de mots, l'on ne cherche qu'à égarer les Lecteurs! Le premier jour où l'Ouvrage *De l'Esprit* parut, (car je m'en souviens,) fut tout-à-coup agité par des éclairs & par des vents; c'étoient les Esprits Elémentaires

qui rioient à toute force d'apprendre que notre ame ne confifte plus que dans la configura-
tion de nos mains, & que la vertu
la plus pure n'avoit point d'autre
mobile qu'un fordide intérêt. La
découverte en effet n'eft-elle pas
curieufe ? Les Génies n'ont befoin pour lire ni de lunettes, ni
de fucceffion des temps : ils ce-
dent à nos Financiers, à nos Prélats, & à nos jolis Grands-Vicai-
res de vingt-cinq ans, l'honneur
de parcourir un *in-douze* dans
l'efpace de fix mois ; ils fixent
fimplement les yeux fur tout Ouvrage qui éclôt, & ils s'en font

fur le champ un fpectacle tragi-
que ou comique.

Les *Zaziris* ont auffi le combat des animaux; mais quel combat ! ne le formons-nous pas
nous-mêmes, lorfque nous en-
trons en campagne pour difpu-
ter quelques monticules ou quelques arpents de neige, au prix
même de notre fang? Ainfi dans
les guerres qui nous enflamment
& qui nous épuifent, les Génies
n'apperçoivent que des coqs, des
aigles, des vautours, des corbeaux, des grues, qui fe déchi-
rent & qui fe tuent, uniquement
pour fe tuer. C'eft une tragi-co-

médie qu'ils ont préparée pour les amufer; & il n'y a réellement que cette explication, qui doive fatisfaire un Philofophe curieux de connoître les caufes & de les approfondir. Car d'où naîtroient ces batailles fi inutiles, & fi fouvent répétées parmi des êtres raifonnables, ainfi que ces horreurs & ces déroutes, fi ce n'eft de la part des Efprits Elémentaires, qui s'amufent à nos dépens? Ainfi les uns, maîtres de l'air, rempliffent de vent la tête des *Firlons*, les autres donnent trop d'ardeur aux *Mifigors*, ceux-ci appéfantiffent les *Sorimans*, ceux-là

éteignent le feu des *Caribis*; de
forte qu'ici, par un excès de té-
mérité, & là, par une trop grande
timidité, tous les coups man-
quent, & l'on ne fait que mourir, fans jamais rien finir.

Nous voilà donc bien payés
de nos travaux & de nos combats, fi nous ne fommes que des
oifeaux de proye, difperfés çà &
là pour réjouir les *Zaziris!* Le
fier Infulaire, qui combat avec
tant de fureur & d'avantage, a
beau fe regarder comme le Roi
des humains; il n'en fera pas
moins un fimple *Caftor*, qui fe
bâtit des maifons au milieu des

eaux, & mord, avec ſes dents ai-
guës, les animaux qui veulent le
déloger.

Il y a de petits combats parti-
culiers qui nous ſemblent fort
importants, parce que nos Ga-
zetiers en parlent avec emphaſe,
& qui ne paroiſſent aux Génies
que des combats de mouches &
d'araignées. Cette muraille qui
tombe, n'eſt qu'une toile qui ſe
rompt; & ces débris qu'on apperçoit, que des ailes & des pat-
tes que la ruſe & la force viennent d'arracher.

O petits hommes orgueilleux
qui croyez époꞵvanter l'Univers

avec vos fuſils & vos épées, & qui regardez vos canons comme les rivaux du tonnerre même, interrogez donc les *Zaziris*, & bientôt humiliés, vous apprendrez à ne vous ranger que dans la claſſe des volatiles, & même des inſectes ! Le lion ſe rit du renard, le ſerpent du lézard, l'abeille de la fourmi, la puce du ciron, & les *Zaziris* de l'homme. Mais ont-ils tort ? & n'avouerons-nous pas que nous ſommes des êtres bien moins ſages que les bêtes, lorſqu'au lieu de défricher des terres incultes, de réparer les chemins, de peu-

pler les Pays déferts, nous nous
acharnons à détruire notre propre efpece pour gagner quelques
rochers inhabitables, & qu'il faut
rendre incontinent après. Les Génies ont fans doute leurs combats; mais de ces chocs il n'en ré-
fulte que l'harmonie de l'Univers.

Si nous pouvions parvenir à
prévoir & fupputer toutes les
oreilles, tous les pieds, les bras
& les têtes que la guerre a arra-
chées, les Génies auroient beau
nous agacer, nous refterions fur
notre chenil, & nous n'aboyerions
pas; mais, en chiens téméraires,
nous voulons boire l'eau de la

mer, & les flots nous submergent. Ici nos Lecteurs expliqueront, commenteront, devineront; le champ est si vaste que nous ne voulons point le restreindre. L'on peut résister aux Esprits Elémentaires comme au fil de l'eau, à la force du vent, à l'impétuosité du feu; mais pour l'ordinaire on ne le fait pas.

Passons maintenant aux repas des *Zaziris*, & examinons s'ils mangent, & comment. On ne peut douter que tous les animaux, soit raisonnables, soit irraisonnables, ne se dévorent les uns les autres pour pouvoir subsister; &

cela ne doit pas nous furprendre, puifque nous ne vivons nous-mêmes qu'aux dépens des bêtes que nous confumons. Je fais que les *Zaziris* n'ont point de Cuifiniers qui raffinent leurs ragoûts, & que, par cette raifon, ils n'ont ni ces indigeftions, ni ces apoplexies foudroyantes qui tuent nos Seigneurs ; mais je fais auffi qu'on trouve parmi eux de fort grands mangeurs, dont l'eftomac financier engloutit des mines d'or, & même des cometes ; & voilà pourquoi nous en voyons de temps en temps difparoître. Il y a enfuite les *Zaziris* délicats, qui se contentent de sucer quelques légers brouillards, ou de savourer quelques rayons du soleil, à la maniere de nos femmes en couche & de nos Prélats, qui ne savent digérer que des élixirs, des quintessences, des superficies, des idées, & même des *soupçons.*

Il n'est pas trop assuré si les *Zaziris* ont des heures réglées pour manger; il paroît même que, beaucoup plus sages que nous, ils ne prennent d'aliment que lorsqu'ils sentent le besoin. Cette méthode n'accommoderoit pas la plupart de nos Derviches, qui soupirent, dès l'aube du jour, après l'heure du dîner, & qui ne pouvant plus, selon la Loi, jouir d'autre plaisir que de celui de manger, réunissent sur le bout de leur langue toutes les sensations dont ils sont capables.

Les Génies en général ont une maniere de se nourrir toute différente de la nôtre : ils ne mangent ni comme les Allemands, parce qu'ils craignent de trop épaissir & de perdre leur agilité ; ni comme les Polonois, parce qu'ils n'ont pas le loisir de perdre la moitié du jour à boire à la santé des vivants & des morts ; ni comme les Italiens, parce qu'ils n'ont pas

de chevaux qui dînent pour eux;
ni comme les François, parce
qu'ils veulent vivre fans maladie;
ni comme les Anglois, parce
qu'ils ont toujours befoin de toute
leur raifon pour maintenir l'harmonie de l'Univers. Eh! où en
ferions-nous, fi les *Zaziris* s'a-
mufoient feulement une heure à
boire du *Punch!*

    Leur mufique, (car ils en ont
une) reffembleroit à celle des Italiens, fi elle étoit moins variée,
moins étudiée, & fi elle avoit fes
finales plus monotones; mais ils
favent diftinguer l'harmonie fa-
crée des concerts profanes, &

proscrire ces récitatifs, ainsi que ces *ab!* continuels qui fatiguent l'oreille. On dit dans un Livre, intitulé *la Mélodie Aérienne*, que les François firent tous leurs efforts en 1627. pour voir leur musique approuvée par les *Zaziris*. On suppose qu'ils chargerent de cette commiffion une certaine Dame qu'on ne nomme point, mais qu'on affure avoir été dans une grande familiarité avec les Génies; mais on ajoute que la proposition leur parut d'autant plus rifible, qu'ils avoient ignoré jufqu'alors que la Nation Franque eût une mufique, & qu'ils la

jugeoient feulement capable de
compofer des chanfonnettes dans
le moment de fes plus grands
malheurs.

Il ne faut pas croire que les *Zaziris* perdent autant de moment
que nous à former des concerts,
& qu'ils raffemblent à grands fraix
des Symphoniftes pour s'en faire
un paffe-temps ; ils fe contentent
d'exciter un zéphir, un murmure, un tonnerre, mais fans fe paf-
fionner, fans détourner leur vûe
de cer Univers, & fans recom-
penfer des Muficiens plus que des
Généraux ou des Ambaffadeurs.
Ils favent que l'harmonie du

monde eſt la premiere, & que quiconque néglige celle d'un Royaume pour faire jouer de la flûte & du violon, eſt plus que mépriſable.

Les Génies, outre cela, laiſſent quelquefois repoſer leur muſique, pour prêter l'oreille à la nôtre. Ils croyent entendre chez les François, des linottes qui ſifflent aſſez joliment; chez les Anglois, des corbeaux qui croaſſent; chez les Polonois, des tourterelles qui gémiſſent; chez les Allemands, des pigeons qui roucoulent; chez les Italiens, des roſſignols qui fredonnent : mais quel-

que satisfaction que les Génies
ayent à entendre ces rossignols,
ils ne trouvent point ce plaisir
qu'on sent à la voix de la nature.
Ils savent qu'un gosier Italien n'a
que des tons artificiels, & ils se
moquent avec raison d'un usage
aussi ridicule que barbare, & qui
cependant rend un *Soprano* un
personnage plus important qu'un
Ministre ou qu'un Prince.

Elevons nous maintenant à des
choses plus sérieuses, & fixons
les yeux sur les sciences qui occu-
pent les Esprits Elémentaires. Ici
nos ames chargées d'érudition, &
qu'on appelle communément An-

tiquaires, Critiques & Juriftes, s'attendent à voir le triomphe des dates, des citations, des faits, des coutumes ; mais qu'ils fe trompent ! les Génies ne connoiffent & n'eftiment de fcience que la Métaphyfique, la Morale, la Médecine & la Phyfique. Ils penfent très-fagement que toute étude qui étouffe l'efprit n'eft qu'un jargon & qu'une routine propres à pétrifier ; & que certains Italiens & Allemands, dont le talent confifte à favoir tout ce qui s'eft imprimé fur les Ufages & les Loix, n'ont rien de plus que des fecondes éditions qui rendent un Livre mot pour mot. Le cerveau de nos grands Liſeurs n'eſt en effet qu'un ſimple papier, qui, mis ſous la Preſſe, retrace les pages d'un Ouvrage.

Les Génies aiment les êtres qui produiſent; & c'eſt par cette raiſon qu'on les appelle Génies. Ils ſe moquent de nos hommes à répétition, qui n'oſent jamais rien imaginer, qui ne parlent qu'en citant, & qui jugent téméraire tout eſprit qui prend l'eſſor; ils n'apperçoivent dans nos Bibliotheques les plus vaſtes, que dix à douze ames du premier ordre, dont on a ſimplement copié ou commenté les sentiments & les penfées ; ils favent que quiconque a pénétré *Platon* fur les idées, & *Montefquieu* fur les Loix, peut aifément deviner tout ce qui s'eft écrit & peut s'écrire fur cette double matiere ; ils fe rient de toute réputation fondée fur le nombre & la groffeur des volumes, & ils aiment beaucoup mieux l'Auteur qui ne donne qu'un *in-douze*, mais qui fait parler fon efprit, que tous ces Controverfiftes & Paraphrafeurs, dont la plume eft plus pefante que la maffue d'*Hercule*.

On jugera par ces traits fi les

Esprits Elémentaires approuvent
le goût pédantesque, ce goût qui
perd tant de Pays, qui en desse-
che l'esprit, & qui ne laisse bril-
ler que la mémoire. Les Génies
rangent les Antiquités dans la
classe des connoissances oiseuses
& superflues ; ils n'ont recours ni
au visage de *Trajan*, ni au pied
de *Titus*, ni à la main d'*Agrip-*
pine, ni aux ailes du cheval *Pé-*
gase, ni aux oreilles de la chevre
Amalthée, ni à la queue de la
louve qui allaita *Romulus*, pour
trouver matiere à s'occuper ; ils
pensent, ils imaginent, & leur
moindre réflexion vaut mieux

que toutes les diſſertations des Antiquaires nés & à naître.

Mais comment faire entendre ces vérités à des Auteurs qui tracent des lignes comme on trace des ſillons, qui ne jugent des Ouvrages qu'à la toiſe, qui ne parlent jamais que d'après les autres, qui n'ont pas le courage de produire une ſeule penſée, crainte de penſer différemment de *Pierre* ou *Michel* leurs Oracles, & qui oublient tous les traits d'un eſprit inventif, pour s'attacher à la critique de quelques phraſes négligées; comme ſi une ſeule étincelle de Génie ne valoit pas mieux que tout le style châtié de nos Académiciens ?

Je m'attends bien que ces êtres épais, qui connoissent moins l'imagination que la pierre philosophale, vont décrier le système des *Zaziris*, comme l'opinion la plus absurde & la plus extraordinaire, & qu'ils ne lui assigneront point d'autre Bibliothéque que les Petites-Maisons. Eh pourquoi ? Parce que dans tous leurs commentaires, & dans tout leur jargon des Langues & des Loix, ils ne trouveront pas un corollaire, un paragraphe, ni un chapitre où il soit fait la moindre mention des *Zaziris*. Oh! si *Balio-lipolus* ou *Marasimus* en avoient seulement dit un mot dans un des trente-sept volumes *in-folio*, qui composent son *Traité des Legs & des Donations*, cette citation me sauveroit, & l'on diroit gravement le célebre *Baliolipolus*, *chap*. 399, *p*. 623. *lig*. 54. en a parlé, donc le systême des *Zaziris* est possible; car voilà comme on raisonne.

Cependant, pour consoler nos Savantasses, nous leur dirons que *Platon*, *Socrate*, *Plotin*, & la plûpart des Philosophes, admettoient des Génies; que toutes les Sectes en font mention; que plusieurs

Empereurs, ſelon le rapport des Hiſtoriens, avoient un eſprit familier; que la Tradition des *Farſadets*, ſi répandue parmi les Peuples, n'eſt que notre opinion, & qu'enfin des Mineurs en grand nombre, certifient tous les jours avoir vu dans des ſouterreins des eſpeces d'hommes qui diſparoiſſent ſitôt qu'on les aborde.

Il me ſemble que de pareils faits vaudront bien ceux de nos Critiques & de nos Paraphraſeurs. Je les y renvoye comme à l'unique étude qui leur plaît; ils pourront ſe goberger tout à leur aiſe; car ils trouveront ſur l'article des

Génies, tant chez les Fabuliftes que chez les Hiftoriens, des faits avec leurs dates, propres à être cités, commentés, marginés.

On me demandera fi les *Zaziris* difputent, & fi, comme nous, ils traveftiffent leur morale dans une fcholaftique qui n'enfante que des problêmes ou des abfurdités. Mais une pareille demande ne fauroit être qu'injurieufe aux Génies, d'autant mieux qu'il ne faut qu'un grain de bon fens pour méprifer ces Ecrivains atrabilaires, qui fe chargent réciproquement de malédictions, & qui font des Sciences un fujet de dé-

rifion. Je ne ferois cependant
point étonné d'apprendre quelque jour qu'on a trouvé des Jan-
féniftes jufques parmi les *Zaziris* ; car où n'en découvre-t-on
pas ? Il ne faut qu'un Sorbonnifte
qui s'avife d'être mécontent de
quelque Efprit Elémentaire, pour
publier que chacun d'eux penfe
intérieurement comme *Quefnel*
ou *Pafcal*.

C'eft fans doute un grand dom-
mage de ce que nos yeux ne font
pas affez fubtils, ni notre efprit
affez pénétrant, pour pouvoir lire
& comprendre les Ouvrages que
les *Zaziris* compofent. Ils ne

reſſemblent ſûrement pas à cet inſipide *Avant-Coureur*, feuille périodique, qui, comme la fievre-quarte, revient tous les trois jours, & cauſe les mêmes bâillemens & les mêmes dégoûts.

Il y a des perſonnes qui prétendent que notre ame peut s'exalter au point d'entrevoir les productions des Génies, & de déchiffrer leurs caracteres imperceptibles; mais je crois ces exemples ſi rares, que j'aime autant en douter. Il paroîtroit cependant que *Platon* auroit deviné leur alphabet, & qu'il puiſa une partie de ſon ſavoir dans leurs Livres. Je dirai la même chose de *Newton*, qui connut trop bien les Eléments pour avoir ignoré les Esprits qui les animent ; car la matiere, qui ne peut se mouvoir, nous annonce nécessairement des Génies moteurs, sitôt qu'elle s'agite & qu'elle change de position.

Malgré l'incertitude où nous sommes sur la maniere dont les *Zaziris* expliquent leurs sentiments, nous devons nous convaincre que leur philosophie, bien plus épurée que la nôtre, n'a ni la froideur de nos Géometres, ni le ridicule de nos Scholastiques, ni le romanesque de nos Physiciens modernes. Moins appéfantis par leur corps, qui n'eſt qu'un ſeul Elément ſimple, ils ſentent à chaque inſtant toute l'activité de la ſubſtance ſpirituelle qui les anime, & ils n'ont garde de ſoupçonner qu'elle puiſſe périr. Les abſurdités de nos nouveaux Philoſophes leur paroiſſent donc le délire d'un homme qui ne ſe connoît plus, & qui confond la faculté de voir avec la fenêtre par laquelle il voit.

Si nous venons maintenant à la politique des Génies, nous n'aurons pas de peine à croire qu'ils ſe rient de la nôtre, puiſque tou-

jours attentifs à ſe maintenir dans
l'ordre, & à n'avoir de combats
que lorſqu'il s'agit d'animer les
Saiſons, ils ne forment point de
projets au hazard ; & le grand
avantage qu'ils ont ſur nous dans
cette partie, c'eſt qu'ils parlent
entre-eux ſans qu'on puiſſe les entendre. En effet nous n'appercevons en les voyant, que de l'eau,
de l'air, ou du feu, & nous croyons
n'entendre que des vents & des
flots quand ils converſent. Ainſi
ils pénétrent par-tout, ils ſe ni-
chent juſques dans nos chemi-
nées, & ils voltigent autour de
nous ſans la moindre crainte d'ê-

tre découverts; au lieu que lorſque nous proférons une parole, ils la ſaiſiſſent ſur le champ : mais ils ne font ſûrement pas grand cas de nos diſcours. Nos ruſes & nos fineſſes ne leur ſemblent que les démarches d'un renard qui cherche à n'être point vu & à ſurprendre ſa proye. Le bel échaffaudage de nos projets & de nos négociations tombe en conſéquence tout-à-coup, ſitôt qu'on le regarde de cet œil élémentaire qui rend les Génies plus clairvoyants que les aigles mêmes. Oh ! je conçois bien que lorſqu'on s'éleve un peu haut, on n'a plus une si grande idée des hommes; car pour peu qu'on monte sur une tour, on les voit décroître étonnamment. C'est donc bien en vain que les uns, pour se faire valoir, ne saluent que du coin de l'œil, & ne parlent qu'en style lapidaire; & que les autres citent éternellement leurs ancêtres, &, comme un Marchand, étalent des bijoux : il n'y a que le sot qui prend le change, & qui s'attache aux décorations extérieures, que les *Zaziris* regardent comme un plumage ou comme une écorce.

Il nous faudroit de temps en temps un peu de cette sublime &

vraie philosophie qui caractérise les *Zaziris*. Nous ne nous laisserions pas éblouir par l'éclat de l'or & des pierreries; nous saurions que ces Grands, parés de toutes couleurs, & qui souvent ne font pas en état de dire deux mots raisonnables, n'ont rien de plus que le paon qui étale un beau plumage, & qui crie de maniere à faire peur.

Ne nous imaginons donc pas que les ornements de nos dignités soient quelque chose de fort respectable, parce que nous nous complaisons à nous en affubler. Qui sait si les vers-luisans & les

chénilles n'ont pas de l'amour-
propre en voyant l'éclat de leurs
vétements ! je fuis fûr que ce coq,
dont vous appercevez la démarche arrogante, fe regarde comme
le premier être de l'Univers, &
qu'il fe perfuade que tous les hommes qui l'environnent doivent le
fervir & l'admirer. Voilà comme
nous ne fommes guères plus fages que les bêtes mêmes, & pourquoi les Génies nous traitent en
animaux.

Les êtres de cet Univers vont
par gradátion, & de même qu'on
voit dans nos jardins différentes
couches de fleurs qui diftinguent

les plus belles des plus commu-
nes, on apperçoit dans ce monde
des Esprits de tout ordre, dont
les uns sans corps, & les autres
avec des corps, forment un en-
semble qui enchante & qui étonne.
Nous pouvons donc croire, selon
ces réflexions, que les *Zaziris* ont
aussi des rangs, des dignités, &
que peut-être ils en prennent les
marques, lorsque les prairies s'é-
maillent & les astres étincellent:
mais cela n'empêche pas qu'ils
n'ayent droit de se moquer de
notre présomption, de même
que nous tournons en ridicule
l'orgueil d'un paon, l'arrogance

d'un coq, la démarche d'un corbeau.

Nous ne croirons pas désormais que les étiquettes & les galas doivent beaucoup plus figurer aux yeux des Esprits Elémentaires, que les chameaux, lorsqu'ils s'agenouillent, & les perroquets lorsqu'ils étalent leur beau plumage. Des chauve-souris qui ne paroissent que la nuit, des hirondelles qui ne se présentent que dans la belle saison, ne valent-elles pas nos Dames qui ont leurs jours d'appartement, & leurs bals de nuit. Tout est relatif dans cet Univers ; de sorte qu'on perd la raison, quand on se croit un modele ou un centre. Ne seroit-il pas permis, à la suite de ces observations, de rire un moment de l'appareil sérieux avec lequel nous traitons nos usages, nos modes, nos fêtes, nos assemblées, & nous nous prévalons de notre naissance, de nos distinctions, & du bruit que nous croyons faire dans le monde. Le moindre vent qui souffle, la moindre étincelle qui brille, font plus d'impression & de fracas que toute la pompe d'un Prince ou d'un Ministre.

Mais quel nouveau sujet de nous moquer de nous-mêmes, si

nous analyſons en Philoſophes
nos converſations ; ſont-elles plus
utiles que le bourdonnement des
frêlons, plus agréables que le ſif-
flement des merles ? C'eſt un pro-
blême décidé depuis long-temps
par les *Zaziris*, qui n'ont jamais
rien entendu dans nos entretiens
que des tons monotones ſur le
temps, les modes & les frivoli-
tés. Tels ſont les fruits de nos
cotteries, à moins qu'on ne pa-
roiſſe dans ces grandes Aſſem-
blées qui ont tout l'air de la
Bourſe de Londres & d'Amſ-
terdam, & où l'on ne ſait que
donner un coup de coude, en

recevoir un , & enſuite diſpa-
roître.

On peut en vérité deviner tout
ce que les hommes ont à dire juſqu'à la fin du ſiecle, & même au-
delà. Perſonne n'eſt preſque plus
en état de donner le ton d'un être
raiſonnable. Les Grands firent
vœu en 1700. de ne débiter que
des ſornettes, & de parler tout le
jour ſans rien dire, crainte qu'on
ne les cite & qu'on ne les com-
promette. Les Prélats convintent
en 1715. de ne plus avoir d'autre
langage que les queſtions du Mo-
liniſme & du Janſéniſme. Les
Philoſophes s'aviſerent en 1740.

de fronder la Religion & les mœurs, & de s'en faire un mérite. Les femmes imaginerent leurs vapeurs en 1746. comme le moyen le plus agréable de discourir, & de distribuer des langueurs à quiconque veut bien les entendre. Les Politiques réglerent en 1750. qu'il falloit inventer de nouveaux systêmes, pour avoir le plaisir de n'en suivre aucun. Les Littérateurs & les Journalistes résolurent en 1760. de se déchirer impitoyablement, & d'amuser le Public à leurs dépens; & sans doute nos Historiens vont prendre en 1761. un style épigrammatique, décharner les faits, & les travestir en Romans.

Telle est la marche de l'esprit humain. On croiroit qu'il passe du mal au bien , & du bien au mieux, & il finit ordinairement par des sottises ou des puérilités. S'il engendre un regne comme celui *d'Auguste*, bientôt il amene le siecle de *Séneque*, & ce n'est plus qu'un clinquant ridicule. Ainsi la race des animaux dégénére, de maniere que dans nos démarches comme dans nos productions, nous les retraçons parfaitement.

Les Génies, encore une fois, n'ont-ils pas droit de nous ranger

dans la claffe des volatiles, ou
des quadrupedes? Où font ces
converfations qui inftruifent même en badinant, & qui, d'un rien,
en favent faire quelque chofe
d'intéreffant? On vient fur les dix
heures du foir révéler le fecret
du Public, & nous apprendre
qu'enfin la journée a été froide
ou chaude, belle ou pluvieufe.
Magnifique découverte, & vraiment digne de fixer l'attention!

Cependant voilà la bafe des
entretiens, & le fonds inépuifa-
ble d'où l'on tire les moyens de
difcourir, à moins qu'on ait le
bonheur de jouir des réflexions

d'un homme à talents : mais combien de Pays où l'on évite la conversation d'une personne lumineuse & solide, quoiqu'une pareille conduite soit un aveu public de stupidité ou de fatuité ! Le mérite recherche les gens capables, les acceuille avec plaisir, & se complaît dans leurs entretiens ; autrement il n'est qu'un mérite postiche, qui redoute les yeux clairvoyants crainte d'être deviné.

Nos jeux ne sont pas plus raisonnables que nos conversations, & les *Zaziris* n'y trouvent pas plus d'esprit que dans le badi-

nage de ces petits chats, qui amu-
foient le Cardinal de Richelieu
après fes travaux. Si *Ovide* re-
naiſſoit, quelles métamorphoſes
n'imagineroit-il pas à l'aſpect de
ces perſonnes qui végetent autour d'un tapis! Il leur feroit ſans
doute grace s'il ne les changeoit
qu'en arbres, puiſque les arbres
ſont bien plus utiles que ces ſor-
tes d'êtres.

Les *Zaziris* jouent ſans doute,
en tant que créatures qui partici-
pent à la matiere, & qui doivent
ſe délaſſer; mais ils ſont brefs
dans leurs récréations, comme il
paroît par les éclairs & les grêles

qui ne durent qu'un inſtant; car c'eſt alors que les Génies s'a-muſent.

Diſons donc, & nous dirons bien, que nos maiſons, où l'on ne fait que jouer & babiller, ſont bien moins reſpectables qu'une ryche; & que la plupart des hommes, oiſifs ou libertins, ne ſe-roient pas dignes de vivre en ſo-ciété avec ces abeilles qui travaillent ſans relâche, & qui ne pompent le ſuc des fleurs que pour en compoſer des ouvrages plus utiles au Public que tous nos exploits & toutes nos négociations.

Les Génies, en conſéquence,

ne voyent prefque plus de raifon
parmi nous: mais fimplement un
inftinct qui nous pouffe vers l'objet de notre paffion, bon ou mauvais, & inftinct qui les autorife à
nous traiter en animaux. Ils voyent
que nous enchaînons notre liber-
té, & qu'il n'y a prefque perfonne
qui ne dépende de fa fortune ou
de fa maîtreffe. Quel vafte champ
n'ouvriroit pas ici le chapitre de
l'intérêt, fi nous repréfentions les
trois quarts de l'efpece humaine
occupés à filouter, ou à ne rien
donner qu'à titre de revanche !
Les Efprits Elémentaires agiffent
bien diverfement, eux qui don-

nent indiftinctement l'eau, l'air, le feu, la terre même, c'eft-à-dire, leur propre fubftance : car il n'y a fûrement pas de leur faute, fi la raifon des plus forts a nivellé, arpenté, divifé, mis tout d'un côté & rien de l'autre. Ainfi fait le lion, qui dévore les bêtes fans défenfe & fans appui. Tous les jours l'agneau n'ofe aller paître dans le pré où le taureau fe promene & s'engraiffe.

Les malheureux font ces grénouilles qui barbottent dans les eaux fangeufes, & qui croaffent inutilement, tandis que les riches, comme ces magnifiques poiffons

qui fe promenent pompeufement
dans les plus beaux fleuves, mor-
guent le Peuple, & ne daignent
feulement pas répondre. Celui-
ci, femblable à l'infecte, paroît né
pour être écrafé fous les pieds;
celui-là, tel que l'aigle, s'éleve au-
deffus des nuages, & jouit plei-
nement du foleil. L'un, foible paf-
fereau, devient captif, & le jouet
d'une troupe d'enfants qui le tourmentent & le mutilent; celui-là,
brave épervier, plane avec infolen-
ce au milieu des airs, & ne fe nour-
rit que des oifeaux les plus délicats
qu'il croit nés pour fon gofier.

Mais il n'y a point de circonf-

tances où les hommes reffem-
blent plus aux bêtes, que lorfqu'ils
s'abandonnent à la violence de l'a-
mour; & encore les bêtes n'ont-
elles que quelques jours dans l'année où cette paffion les domine
& les entraîne, au lieu que toute
notre vie fe perd au milieu de la
débauche. Qu'il eft humiliant pour
l'humanité de voir tant de perfonnes en place qui affectent la
fageffe, & qui affichent la gravi-
té, aller enfuite à tâtons compro-
mettre leur grandeur & leur rang
dans des endroits & des converfations qu'on n'oferoit citer! L'homme de mérite, toujours égal à lui-

même, n'a point d'heures qui ter-
niffent fa réputation, & il rougi-
roit de démentir en fecret l'idée
qu'on a de fa vertu. Convenons
donc que les Génies ont bien
raifon de ne voir dans nos Vil-
les & dans nos maifons que des
baffe-cours & des ménageries,
où nous, animaux de toutes couleurs & de toute efpece, mor-
dons, babillons, & ne penfons
qu'à fatisfaire nos paffions. Eh
quoi, nous voilà, nous qui faifons fonner fi haut la grandeur
de nos dignités!

Ainfi, de quelque côté qu'on
fe tourne, les *Zaziris* s'amufent

de nos ufages, de nos caprices
& de nos ridicules, comme nous
prenons plaifir à obferver les ru-
fes & les démarches d'un animal.
Ils trouvent à Conftantinople des
boucs qui ont leur ame dans leur
fang ; à Petersbourg , des chameaux qu'il ne faut pas irriter; à
Varfovie , des cerfs qu'il eft facile
de difperfer ; à Vienne, de fiers
dromadaires qui fe font refpecter ;
à Berlin, des léopards toujours
prêts à dévorer ; à Paris, des écu-
reuils incapables de fe fixer; à Londres, des hériffons dont on n'ofe
approcher ; à Amfterdam , des
Béliers qui fe plaifent à heurter ; en

Italie, des renards qui ne penſent qu'à tromper ; en Afrique, des tigres & des ours que perſonne ne peut apprivoiſer.

Il faudroit en conféquence avoir les lumieres des Génies : on ſauroit définir les Nations, on éviteroit le double écueil de la ſatyre & de l'adulation, & l'on trouveroit dans les bêtes le véritable emblême de ce que nous ſommes & de ce que nous faiſons. Si les rapports ſont auſſi frappants, comme nous l'avons vu, convenons que les Eſprits Elémentaires n'ont pas tort de nous regarder du même œil que nous regardons

les Etres ailés & en quadrupedés.
D'ailleurs, ce n'est qu'à l'aide d'un
tel fystême, qu'on peut expliquer
le bonheur ou les infortunes de
je ne fais combien d'hommes qui
n'ont mérité ni des punitions ni
des récompenfes. Oui, la volonté
des *Zaziris* eft l'unique raifon
pourquoi le fot parvient, & le
Philofophe refte à l'écart. C'eft
précifément le cas d'une Dame
qui prend un vilain chien en affection, & qui partage avec lui
les honneurs de fa table, de fon
carroffe & de fon lit, tandis que
d'autres chiens par milliers, beaucoup plus amufans & plus jolis,

font rébutés, & trouvent à peine
un os à ronger.

Mais, me dira-t-on, n'y auroit-
il pas moyen de captiver la bien-
veillance des Génies, & de fe les
rendre propices, de même que
les animaux viennent à bout par
leurs careffes & leurs fingeries
de gagner nos bonnes graces. Je
crois que la chofe ne feroit point
impoffible, & que peut-être quelques Anciens parvinrent à jouir
de la confiance des Efprits Elémentaires. Alors ils eurent, n'en
doutons pas, le fecret de compofer
la Médecine univerfelle, & de faire
de l'or. Les Génies font les vrais

Phyficiens; ils connoiffent & dirigent, en quelque forte, le mécanifme du monde, & ils ont principalement foin des plantes & des métaux. Que j'aime à me les repréfenter refpirant dans les entrailles de la terre, exiftant au milieu des airs & du feu, & voltigeant autour de nous fous mille formes différentes ! Alors je me crois toujours en compagnie, & je n'ai pas befoin d'aller chercher mes voifins pour être en fociété. La nature ne me paroît plus morte, je devine jufques dans les fleurs & les arbres un efprit immatériel qui les fait végéter.

Ce feroit ici le lieu d'examiner
fi réellement il y a des efprits fol-
lets qui treffent le crin des chevaux, qui prennent foin des enfants, & qui, fous la forme d'un
feu errant, prennent plaifir à con-
duire de pauvres voyageurs dans
des rivieres ou des marais ; mais
nous ne difcuterons point ces faits,
parce qu'il nous fuffit que l'idée
des Génies foit commune à tous
les Peuples, pour en conclure que
la chofe n'eft donc pas fi ridicule.
Or, l'on fait par toutes les hiftoi-
res vraies ou fauffes que nous
avons à ce fujet, que chaque Nation a cru, & croit encore des

Esprits qui badinent, qui se fami-
liarisent & qui tourmentent. Les
uns, selon les Anciens, président
aux carrefours; les autres prote-
gent certains Pays : ceux-ci dominent sur les trésors, ceux-là vivent
au fond des eaux. Ce n'est donc
pas un rêve de notre part, si, après
le témoignage de tant d'hommes
célebres, nous venons proposer
le système des Génies. Qu'on
fasse taire tout préjugé, & l'on
verra que notre maniere de l'expliquer est bien plus satisfaisante
& bien plus raisonnable.

Je sais que ces observations ne
plairont pas à ces personnes infa-

tuées de leur naissance, qui reconnoissent à peine au-dessus d'elles
une Divinité; mais si elles pou-
voient se persuader combien nos
titres sont frivoles, elles n'en auroient sûrement pas une grande
idée. Les Génies, en nous traitant comme des animaux, ne nous
ravalent pas tant qu'on se l'imagi-
neroit, puisque les bêtes mêmes,
créées avant l'homme, peuvent
produire des quartiers, non par
trente & quarante, mais par milliers. Qui doute, par exemple, que
les coqs & les loups, ces deux fa-
milles si anciennes & si multipliées,
n'ont jamais eu d'interruption?

Tout ce que nous avons dit jufqu'ici nous prouve la pluralité des mondes, qui, les uns plus parfaits que les autres, annoncent une fageffe auffi magnifique qu'infinie. Les Efprits Elémentaires ferviront auffi de jouet à des Intelligences plus parfaites qu'eux, & que nous ne pouvons parvenir à connoître; & c'eft ainfi que, de degré en degré, des créatures de toute efpece font répandues dans des efpaces immenfes. Ah! fi nos corps étoient affez agiles pour paffer d'une planete dans une autre, & nos yeux affez perçants pour découvrir les êtres qui nous environnent ; quel étonnement ! Bientôt nous cesserions d'admirer ces Grands qui nous en imposent, & qui, ne pensant que par le moyen d'un Sécrétaire, auroient besoin d'un homme capable de les avertir lorsqu'il faut applaudir ou rire. Bientôt nous aurions honte de nous-mêmes, & nous ne verrions dans nos Livres de Physique & d'Astronomie que des mensonges & des sottises ; bientôt nous mépriserions souverainement ces prétendus Philosophes qui ambitionnent l'honneur de se matérialiser ; bientôt nous n'envisage-

rions ces Cours qui nous éblouiſ-
ſent, & que nous regardons d'un
œil d'admiration & d'envie, que
comme des atomes preſque imperceptibles, ou comme des Couvents de Nonnes, où les moin-
dres minuties ſont traitées en af-
faires importantes.

Mais nous ne faiſons point
toutes ces réflexions; & pourvu
que nous ſachions traveſtir les
Hiſtoires en Romans, la Philoſo-
phie en Paradoxes, les raiſonne-
ments en Epigrammes, nous
nous croyons le chef-d'œuvre de
tous les êtres. Je ſuis ſûr que ces
Académiciens, qui vont bientôt

faire époque pour avoir observé
Vénus lorsqu'elle paffera devant
le difque du Soleil, ne troque-
roient pas cet honneur pour toute
la fupériorité qu'ont fur nous les
Efprits Elémentaires. S'il n'y a
pas jufqu'à ces petits vers qui
fe remuent dans le vinaigre qui
n'ayent de la gloriole, & qui ne
fe comparent aux dauphins qui
furnagent dans les mers, comment l'amour-propre ne nous
domineroit-il pas?

Cependant, qui fommes-nous?
où allons-nous? que prétendons-
nous? L'Homme n'est prefque
rien, & nous n'oferions, fans im-

pudence, nous dire hommes , depuis que tous les ridicules du siecle ont pris possession de nos cœurs & de nos esprits, comme le fanatisme se saisit d'un Evêque François. La postérité sans doute se souviendra du jour où nous avons cessé d'être. Elle dira, mais en gémissant , l'an mil sept cent quinze, année fatale, où l'impitoyable mort ravit *Louis-le-Grand*, les hommes devinrent si petits dans leur maniere de parler, d'écrire & d'agir; qu'on crut que le regne des Grues alloit revenir. Ce ne furent plus ces traits d'héroïsme & de génie qui caractéri-

ſoient les *Richelieu*, les *Turenne*
& les *Deſcartes*, mais des gentil-
leſſes dignes de l'empire des *Farceurs*. On a bien raiſon de douter aujourd'hui qu'il y ait jamais
eu de Géants; nous nous trouvons ſi éloignés de ces perſonna-
ges, que nous avons droit de les
croire fabuleux. L'Iſle de *Lilliput*
ſe réaliſe de plus en plus, de ſorte
qu'on ne rencontre que des rats
où l'on voyoit autrefois des élé-
phants.

C'eſt certainement un ſujet de
belle converſation pour les *Zaziris*, eux qui n'aiment que le ſolide,
& qui nous trouvent ſi frivoles;

eux qui s'attachent au vrai, & qui nous savent si imposteurs. Ils voudroient qu'on fît des têtes artificielles pour nous en affubler, de la même maniere qu'on fait aujourd'hui des bras. Mais peut-être en viendra-t-on à bout; car de quoi n'est-on pas capable dès qu'il s'agit de quelqu'entreprise extraordinaire? Nous vivons dans un siecle où l'on ne veut plus de miracles, & où tout est miraculeux. Tantôt ce sont des Livres François, qui, tels que la *Théorie de l'Impôt*, doivent être traduits en François pour être intelligibles; & tantôt c'est un Pantin,

qu'on admire comme le chef-
d'œuvre de la Mécanique. Ici, c'eſt
une très-jolie chimere qui ſup-
poſe le Soleil un réſervoir d'eau;
là, un Procès littéraire où chacun eſt juge & partie.

Ne nous étonnons plus ſi *Boi-
leau* prétend que l'homme eſt le
plus ſot animal. Je vois le paſſe-
reau ſolitaire dans ſon trou ſe
ſuffire en quelque ſorte à lui-même, tandis que nous, êtres rai-
ſonnables, ne pouvons reſter une
heure ſans jouer ou babiller. Je
vois la ſouris entrer chez le rat
ſans faire anti-chambre, pendant
que nous laiſſons nos ſemblables

se morfondre & s'ennuyer des heures entieres, avant d'obtenir une audience qui n'enrichit personne. Je vois le chardonneret étendre ses ailes & secouer simplement son plumage, au lieu que nous perdons la moitié de notre vie à parer un corps qui ne vaut pas mieux que celui d'un insecte ou d'un oiseau. Les Esprits Elémentaires nous font donc encore grace, lorsqu'ils nous considerent comme ces bêtes que notre orgueil méprise; & nous leur devons savoir gré s'ils n'apperçoivent dans un Financier qu'un vautour rapace, qui ronge des cadavres & qui les cache de ses ailes.

Que ne dirions-nous point ici de ces Assemblées générales, où nous ne paroissons que pour faire voir que nous marchons encore à deux pieds ; de ces séances d'Académie, où l'on n'apperçoit ordinairement que des membres rassemblés & point de tête ; de ces Tribunaux, où l'argent donne droit de juger ; de ces Couvents, où le despotisme exerce toute sa rigueur ; de ces Colleges, où l'on n'apprend, pendant neuf à dix ans, que quelques mauvais mots de Latin ; de ces Dietes, où celui qui se bat le mieux a toujours raison ;

de ces Congrès, où l'on figne des menfonges au nom de la fainte vérité; de ces Chapitres, où l'on délibere gravement fur quelque rétribution de quatre à cinq fols ; de ces Synodes, où l'on propofe mille queftions, & où l'on ne décide rien : tout cela n'offre-t-il pas le tableau d'une fourmilliere, où l'on fe remue continuellement fans rien arranger; d'une grenouillere, où l'on croaffe éternellement fans être entendu ?

Si l'on doute, après tous ces détails, de l'influence des Génies, & de l'idée qu'ils ont de nous,

on pourra les entrevoir dans ces
fonges où nous croyons boire,
voir & toucher, & qui font bien
réellement des objets préfentés
par les Efprits Elémentaires; on
pourra les deviner dans ces noc-
tambules qui font des chofes ex-
traordinaires fans y penfer, &
que des Agents extérieurs mettent en mouvement; on pourra
les furprendre dans ces tourbil-
lons de flammes que vomit le
Mont Véfuve avec fureur dans ces
chocs & ces collifions qui arri-
vent de temps en temps, & qui,
font danfer Lifbonne.

Telle eft la clef de l'Univers, à

l'aide de laquelle on ouvre le firmament même, & l'on découvre
le secret des planetes & des étoi-
les fixes. Ces corps ne sont plus
des espaces inutiles, mais des lieux
que les *Zaziris* habitent, & d'où
ils font pleuvoir sur nous tantôt
des biens & tantôt des malheurs,
selon qu'ils nous prennent en
grippe ou en affection.

O vous, qui n'avez cru jusques
ici qu'un air peuplé de mouche-
rons & d'oiseaux, qu'une terre
remplie d'insectes, qu'un feu sans
vie, qu'une eau sans ame, reve-
nez sur vos pas, examinez, &
par-tout vous trouverez des Gé-

mies qui nous dominent, qui nous badinent, & qui nous lutinent.

Mais puisque nous avons une guerre continuelle avec les *Zaziris*, nous devrions au moins nous contenter de celle-là qui nous exerce assez suffisamment, & vivre conséquemment en paix avec tous les individus de notre espece. Si les choses sont aujourd'hui trop avancées, & si l'on ne trouve plus la terre assez vaste pour indemniser les Nations qui combattent depuis quatre à cinq ans, il faut assiéger des planetes à l'exemple de nos beaux esprits qui nous apprennent à escalader les cieux.

Chaque peuple trouvera dans ces astres un Pays analogue à son goût, à ses prétentions, à ses préjugés, & pourra converser avec les *Zaziris*.

Je commence par *la Lune*, & je la donne aux François, comme une planete, qui excitant le flux & reflux, leur procurera quelqu'influence sur la mer dont ils ont besoin. D'ailleurs on porte des mouches & du fard dans cet Empire, on y montre alternativement des brouillards & de la sérénité, tantôt la moitié d'un visage & tantôt un quart, de sorte que Paris même n'est pas plus léger ni plus inconstant.

Saturne sera le lot des Anglois, parce que là ils exhaleront très-commodément leur bile noire, ils conserveront leur humeur envieuse & chagrine, ils se pendront tout à leur aise, ils débiteront plus impunément que jamais des libelles diffamatoires contre les Souverains, & ils auront la maligne consolation de voir les François sous leurs pieds.

Jupiter, séjour des Aigles & Empire de la foudre, appartiendra aux Autrichiens qui ont tonné avec force & succès, qui aiment à se croire de la race des Dieux,

qui ne parlent que par monosyl-
labes, & qui agiffent toujours
avec une noble fierté.

Mars va de lui-même aux Pruf-
fiens comme un Pays où la va-
leur domine par préférence, &
comme le Royaume des Chymif-
tes habiles à réduire la plupart
des chofes à un *caput mortuum.*
D'ailleurs Mars ayant beaucoup
d'affinité avec Minerve, Patronne
des Sciences & des Arts, les Pruf-
fiens auront lieu d'être fatisfait.

Mercure tout entier avec la
moitié d'une étoile fixe à la Saxe:
aux grands maux les grands re-
medes. *Mercure* eft férieux, &

les Saxons y apprendront à veiller un peu davantage fur eux-mêmes, en cas de quelque nouvelle invafion.

Vénus qui n'eft pas riche, mais très-belle, convient aux Ruffes pour les dédommager de la trop longue obfcurité dans laquelle ils ont été.

Une *Comete* fera le partage des Suédois, qui, dans toute cette guerre, n'ont fait qu'aller & venir, fe montrer & difparoître, de forte qu'on n'en a apperçu que la chevelure.

Les fignes du Zodiaque dédommageront les diverfes Puiffances qui ont fouffert. Ainfi *le Lyon* fera donné aux Hanno-vriens; *lechien*, aux Heffois qui les ont fuivis; *les poiffons*, Allemand aux Hollandois, pour les indem-nifer de la pêche du harang; *l'écre-viffe*, aux Bavarois, qui ont d'abord paru, & qui ont enfuite retourné fur leurs pas; *la balance*, à l'Empi-re; *le verfeau*, aux Princes Ecclé-fiaftiques & Chanoine : & ainfi du refte, felon les convenances & les lieux. Le foleil demeurera comme il eft, c'eft-à-dire, bienfai-teur des Nations qui ont fu fe maintenir dans la paix, jufqu'à ce qu'il paroiffe quelque tête chaude

qui entreprenne de le conquérir
& d'en partager les rayons.

Voilà sans doute de beaux projets, dont il ne manque que l'exé-
cution pour rendre les Peuples
heureux & les mettre plus au
large. Les Etats selon cet arran-
gement trouveroient peut-être le
moyen d'acquitter leurs dettes;
chose plus essentielle qu'on ne pen-
se, puisqu'il n'y a point de Royaume qui ne soit oberé par des em-
prunts, sans en excepter *l'Empire
des' Lucquois*, qui ne doit pas
moins que treize ducats à la Répu-
blique de *San Marino*, qui, faute
de ce remboursement, ne peut

mettre fur pied que deux ou trois demi-foldats.

Voilà tout notre fyſtême developpé, & quoiqu'il ait eu pour but de corriger un peu les Nations, les François n'en feront pas moins légers, les Anglois pas moins envieux, les Italiens pas moins diffimulés. Les livres ne font plus qu'un paffe-temps, dont perfonne ne profite. On croit que l'amour de la fatyre ou la mauvaife humeur engendre une jufte critique, & les mœurs en conféquence reſtent tout ce qu'elles étoient. C'eft même un phénomene, fi l'on ne s'irrite pas de certaines vérités. Nous parlons avec d'autant plus de fondement, que nous fommes prêts à démontrer que depuis qu'on écrit à deffein de réformer les Peuples, il n'y a pas une révérence de plus dans toute l'Allemagne, ni un libelle de moins en Angleterre.

F I N.